Conscience, Evolution, Santé, Prévention

Amour et Conscience

__Du même auteur__

__A paraître__

Conscience, Evolution,

Santé, Prévention 2

« Les réponses à vos questions »

<u>Conscience, Evolution, Santé, Prévention</u>

Atelier conférence

du dimanche 15 septembre 2019
Fête de la Biodiversité
à Bagnères de Bigorre (65),
organisée par Nature et Progrès 65.

Par Catherine CESP ,

Accompagnatrice de la « Transition ».

Édition : BoD – Books on Demand, info@bod.fr
Impression : BoD – Books on Demand, In de Tarpen 42,
Norderstedt (Allemagne)

Impression à la demande
Illustrations libres de droit

ISBN : 978-2-3224-5343-6

Dépôt légal : novembre 2022

Table des matières

1. PREAMBULE …

L'atelier/Conférence est ici retranscrit presque tel quel. Merci de votre Accueil...

Les consignes sur papier données à l'entrée + la fermeture obligatoire de tous les téléphones, appareils photos, ou tout autre appareil électrique/électronique… cad les éteindre totalement (même pas en mode avion..).

Le public est invité à mettre en pratique les consignes suivantes, distribuées à l'entrée :

Merci de:
"d'éteindre totalement votre téléphone ou tout appareil électronique/électrique...."
*"vous asseoir sur une chaise, bien ressentir votre corps jusque dans vos pieds, sentir le contact avec le sol, **accueillir, observer, sans le moindre jugement,** comme si c'était la 1ere fois, laisser vos pensées passer sans vous y accrocher, les accueillir et revenir à vous, à votre corps, prendre conscience de votre respiration, mettre un beau sourire dans votre coeur et partout où vous en avez besoin...<u>avec TOUJOURS beaucoup d' Amour</u> pour vous même (m'aime)..pour les autres aussi mais sans vous oublier...*

Ayez juste cette intention d'être là, bien en vous, ici et maintenant… avec Amour et Bienveillance..

Pendant cet atelier conférence , quand vous verrez la "petite fleur": si celle ci est verte et souriante, c'est que vous êtes bien "là", si celle ci tourne au jaune voir au rouge, Merci de revenir à vous, en vous, à vos pieds, avec Joie et d'Accueillir, de découvrir, d'observer, sans juger, l'idée est de revenir au Présent et de s'offrir ce temps, à soi, pour soi, ce cadeau....avec Amour et Joie"

Ces consignes afin que, si d'autres personnes arrivent alors que la conférence est commencée, chacun les aura pour participer à l'atelier, et cela évitera de devoir répéter....et , cela pourra peut être vous resservir par la suite…

Merci de jouer le "jeu"… **avec Bienveillance pour soi, les autres. C'est pour vous, pour nous, pour la Terre…**

- décroiser les jambes, les bras,
- les jambes et bras alignés le long du corps ou mains posées sur vos cuisses
- **les pieds au sol, ressentir le contact avec le sol,**
- **ressentir du haut de sa tête jusqu'au bout de ses doigts...**
- un temps pour soi, pour prendre conscience de soi...

..car, à chaque fois qu'on va **se « poser/pause**r », en réalité plein de « choses se passent », on laisse, en fait (en fête..!), le temps à ce qui est nécessaire de se poser/pauser..

Donc , quand on décide de s'y mettre... cad **de s'ancrer**, assis confortablement, bien les pieds au sol, **ressentir son corps**, du haut de sa tête jusque dans ses pieds, de se donner ce temps pour soi c'est aussi **se donner de l'Amour**.

Pour moi le mot Amour, l'Amour avec un grand « A », c'est l'essentiel/l'essenciel... ...c'est la Base.

La Conscience sans Amour, ça n'est pas de la Conscience...

Pour en revenir au thème de cet atelier conférence :

« *Faire naître et/ou développer l'envie d'être de plus en plus conscient dans notre vie de tous les jours, afin de limiter voire stopper nos impacts négatifs envers soi-même, les autres, notre environnement, au sens large du terme.* »

Inviter les participants à revenir à eux-mêmes, en eux-mêmes/m'aime, aussi souvent que possible.

Présenter les petites fleurs : verte(c'est ok/cad « bonne » **présence à soi, au présent**), jaune (c'est moyen) et rouge(..)//pour revenir en soi, à sa présence, au présent<u>. **Pendant les ateliers/conférences en direct, ça peut aider mais là dans une retranscription..!.**</u>

Donc, ici, dans ce livret, j'utilise le signe : 🌱
pour vous rappeler à vous lectrices, lecteurs, de revenir à vous , en mettant en pratique les indications précédentes en plus des autres éléments/outils que cet atelier vous transmet <u>au fur et à mesure..</u>

L'atelier/Conférence est donc ici retranscrit presque tel quel. Merci de votre Accueil…

2. **Plus on est présent**

Plus on est présent à soi, aux autres, plus on est conscient cad que nous recevons et donnons plus facilement, plus naturellement..

… Nous sommes des êtres d'échanges …

... ce qui participe à notre bien être, à celui des autres, donc aussi à la Terre...

… Aide donc aussi à l'Ouverture, notamment de notre Cœur…

… en y mettant un beau sourire, cela va aussi aider.. on peut mettre d'autres sourires en soi dans des zones par exemples qui ont du mal à s'ouvrir…

Décider ,

intérieurement, de ressentir son corps dans le Présent…jusque ses pieds…

Ce doit être une **décision** intérieure, personne n'a à nous obliger à le faire.

Ce doit être une décision intérieure, chacun.e, individuellement.

2.1 Le chemin de Conscience

est un chemin de l'individu, non pas individualiste mais individuel cad que c'est chacun, en son fort intérieur, qui choisit, décide,... de se retrouver en soi, .. de retrouver, en soi, sa partie pure, saine…

Car nous ne sommes pas le négatif, le pessimisme, de la dépression , etc…nous sommes d'abord et surtout des êtres d'Amour, … donc calmer le mental .

Donc, s**e pauser/poser** <u>va permettre de calmer le mental.</u>

<u>En acceptant d'être au présent,</u> **dans son corps**, ici et maintenant, d'accueillir et observer…sans juger…et, petit à petit, accepter de lâcher le mental pour, justement, rencontrer autre chose.. entres autres.. vous mêmes…

Accueillir, observer, voyez cela comme un jeu de découvertes…

Nous sommes de grands enfants…

En effet, à l'échelle de l'Humanité, oui, nous sommes de grands enfants !

Nous sommes là pour apprendre, découvrir, tou.te.s autant que nous sommes…

Ce qui **va permettre aussi de mieux assimiler** et ce, **dans notre vie de tous les jours**… c'est très agréable, c'est donc aussi bon pour la digestion et pour tout un tas d'autres choses !

……

*C'est pour ça que je **relie la Conscience et l'Evolution à la Santé et donc à la Prévention**.*

……

2.2 **Se donner ce temps**

Se donner ce temps, c'est de l'Amour pour soi donc du Respect…

… Notre corps en a besoin, notre mental, notre cerveau,…tout..

Donc on peut prendre des pauses dans la journée, **c'est un <u>droit</u> qu'il est juste de se donner.**

Recentrez vous en vous, accueillez vous avec Bienveillance.. beaucoup d'Amour, un beau sourire intérieur…

… Observez, accueillez, comme pour la 1ère fois, sans rien attendre de particulier…

Lâchez, c'est une expérience.. il n'y a pas de danger à part vous faire du bien.. ! c'est juste un **Cadeau** …

Même si on est dans un contexte qui ne se prête pas forcément au calme, recentrez vous <u>en vous</u> , .. Accueillez vous <u>en vous</u>.. <u>ressentez votre corps</u>, accueillez, observez.. comme un jeu **avec toujours beaucoup de Bienveillance envers vous-même, les autres, votre environnement, la Terre...**

2.3 **La Neutralité réelle**

Ce que je fais, je le fais dans la **Neutralité** cad une neutralité **consciente,** donc ce n'est pas de la religion ni de la spiritualité, c'est **en dehors de tout dogme** .

C'est d'abord et tout simplement ETRE…

… ici et maintenant.

Ce n'est donc pas ce qui est passé, ce n'est pas encore ce qui est à venir, c'est ce qui est.

Seul le Présent existe..

Plus vous allez y être et plus vous allez recevoir…

3. **Nouvelle Ere**

Comme vous le savez certainement, nous sommes entré.e.s dans **une nouvelle ère,** depuis quelques années.

Cette nouvelle ère bouscule, change beaucoup de choses.

Nous avons quelques temps pour nous y préparer.. une ère dure quelques centaines d'années !

Nous sommes dans cette période de transition.

En tant qu'accompagnatrice de la **transition**, il s'agit pour moi, d'accompagner les personnes dans la mesure de ce qui est juste pour chacun.e.

Cela peut se faire sous différentes formes, comme dans cet atelier conférence, par exemple.

Apporter des éléments pour **comprendre les fonctionnements des êtres humains que nous sommes et comment, au niveau de la transition,** nous pouvons avancer…

Qu'est-ce qui se passe aujourd'hui et qu'avons nous besoin de comprendre à la base **pour avancer au mieux ?**

Donc là l'idée c'est, en effet, "<u>Faire naître et/ou développer l'envie d'être de plus en plus Conscient "pour se faire du bien à soi, aux autres et à la Terre"</u>..**c'est vraiment la base..**

En effet, si on se respecte , qu'on respecte les autres et la Terre…

…Tout va bien !

3.1. Donc, comment s'y prendre ?

Pour limiter, voire stopper nos impacts négatifs envers soi-même, les autres, notre environnement, au sens large du terme." afin de pouvoir **aller DANS LE SENS DE LA VIE !**

Revenir à soi, en soi.. régulièrement..

Quand nous sommes à l'écoute, quand nous regardons quelque chose ou quelqu'un, nos sens, en action, peuvent nous faire oublier la sensation de notre corps ... on peut alors avoir du mal à s'ancrer, à se recentrer..

Plus on se recentre, plus on va entendre, comprendre par soi même..

La Conscience, c'est de l'autonomie réelle.. cad Savoir par soi même de plus en plus..

Donc, il n'y a plus de modèles dans la Conscience…

… cad que je ne suis pas un modèle ni un exemple, je suis quelqu'un qui évolue, comme vous, et nous sommes tou.te.s une partie du puzzle…

On a tou.te.s quelque chose à donner… parce qu'**on a tou.te.s une raison d'Être.**

3.2. Comprendre nos fonctionnements

Nous sommes tou.te.s uni.e.s et complémentaires à la fois, à l'image d'un gigantesque puzzle qui a la particularité de changer à chaque instant…

... Nous changeons à chaque instant, la vie change à chaque instant, la Terre évolue à chaque instant, etc.

Donc ça, il est juste de l'accepter, tout simplement parce que c'est comme ça.. ! Nous ne sommes pas figé.e.s.. (ouf..!)

Donc, nous avons tou.te.s une place ..qui évolue aussi.

Nous avons tou.te.s des choses à apporter, à vivre….Chouette… !

Les choses ont considérablement changées aujourd'hui de par cette entrée dans cette nouvelle Ere.. et elles évoluent…. plutôt vite !

Nous le vivons au quotidien, nous en sommes plus ou moins conscient.e.s, surtout quand on en ressent les effets.

Au regard des attitudes et des comportements générés par le passé, malgré toutes les bonnes volontés (parce qu'il y en a beaucoup..!), ce qu'on peut constater, en général, c'est que l'orgueil et le pouvoir sur autrui ont largement prédominé jusque là... !!

Et c'est vraiment ce qui va changer, **ce qui doit changer..**

Les soi disants progrès dont la plupart des êtres humains sont totalement dépendants..

Est-ce un progrès que de s'autodétruire ? !!?

Est-ce un progrès que d'oublier les fondements de ce qui fait ou devrait faire de Nous des êtres humains ?

Je ne suis pas contre le progrès.

Le progrès est important pour tout le monde..nous sommes là pour évoluer.. A partir du moment où il est **au service de La Vie.. !**

A partir du moment où cela va **dans le Sens de La Vie..**

A partir de ce moment là... **oui** !

<u>Cette nouvelle ère, l'ère du Verseau, c'est l'entrée dans...</u>

3.3. l'Ere du Changement

…..vers plus de Conscience..!

Donc , un point essentiel concernant cette transition, c'est :

- <u>arrêter de culpabiliser, de se culpabiliser et donc de juger :</u>

parce que tout ce qui a été fait par le passé était lié à l'ancien paradigme, à des programmations dont on ne pouvait sortir.. c'était comme ça.. On est aussi des être programmés...

L'idée c'est d'arrêter de culpabiliser ..culpabiliser ou se culpabiliser veut dire qu'on juge ou se juge.. donc on condamne ou on se condamne.. Donc les conflits, les guerres, etc...

Le passé est passé.

Soyons plutôt aujourd'hui dans un constat, constatons, tout simplement, arrêter de s'accrocher au passé.. se dire:

"aujourd'hui, maintenant, avec ce que je suis, avec ce que j'ai, là où j'en suis, qu'est-ce que je peux faire, moi, à mon niveau?"

Déjà ça, c'est bon point de départ, de Nouveau départ…

C'est pour ça, je vais vous donner quelques outils pour justement commencer en soi, par soi, puisque, si individuellement, on fait la démarche, ça peut être déjà un très très beau "travail" pour la Terre.

Aujourd'hui, jeunes et moins jeunes (ce n'est pas une question d'âge), si nous vivons à cette époque, ça n'est pas pour rien:

Nous avons un "défi" à relever (en dehors de toute compétition).

Nous sommes là pour :
devenir de plus en plus Conscient..

Pourquoi ?

Pour devenir de plus en plus autonomes (l'autonomie réelle) et d'éviter sinon réduire considérablement nos impacts négatifs et retrouver le Bon Sens renouer avec le Bon Sens, le Sens de La Vie réelle, et donc de Nous libérer, nous libérer du passé, qui nous empêche de re devenir créatrice, créateur de notre vie.

Bref, nous améliorer… !!

4.Qu'est-ce que: Être Conscient

C'est aller vers le retour à la Création cad à retrouver ses capacités créatrices….

C'est une longue "histoire".. aujourd'hui, pendant cet atelier/Conférence, on ne pourra pas approfondir tout ..nous allons faire ce qu'on peut ..ce qui est juste pour Nous..

Qu'est-ce qui nous empêche aujourd'hui de devenir de plus en plus conscients ? de comprendre avec clarté, avec discernement ?

4.1. Qu'est-ce qui vous empêche d'être plus Conscients?

Question du public:

Pouvez vous définir "conscient" ?

Je ne vais pas le définir, il existe différents niveaux, ..

Pendant cet atelier/conférence, je donne, au fur et à mesure, un certain nombre d'informations afin, non pas de définir ce mot, mais bien de l'ouvrir à sa propre réalité, non figée cad évolutive.

Qu'est-ce qui vous empêche de

savoir et de comprendre, par vous même ?

... cad savoir dans l'instant ...

Être Conscient, dans l'instant, veut dire que **je sais mais <u>sans aucune références.</u>**

C'est à dire, si j'enlève toutes mes références, donc, indépendamment du passé, je ne suis pas non plus en train de penser à mon futur, je suis bien ancrée dans mon Présent .

Je vous invite à retrouver la sensation de votre corps jusque dans vos pieds..etc… dans le Présent, de revenir en soi, vous recentrer..et d'Accueillir, au fur et à mesure, de ce qui arrive, ce qui vient...

Donc, **Être Conscient.e,**

je vais prendre conscience de ce que je fais
et des impacts de ce que je fais.
Si je prends une décision, je vais veiller à
être conscient.e de ce que je pense, de ce
que je dis, de ce que je fais.

Après, il y a aussi l'étape de la
conscientisation, et là, il s'agit d'un
cheminement, et donc en 1 conférence,
c'est impossible de développer !

Donc, là, c'est d'abord et déjà de se dire :
qu'est-ce qui, au départ, nous empêche ou
peut nous empêcher d'être de plus en plus
Conscient .e?

Réponses du public :

* les références du passé

* le stress, des obstacles,

* l'héritage familial

* les comportements, pensées, émotions,

* les horaires à respecter cad le temps
  « qui passe »

* les contraintes,

* les influences,

* les peurs

* la douleur

* la confiance en soi-même

* etc...on pourrait faire une longue liste..

L'idée est de comprendre nos fonctionnements...

Donc, ***D'où viennent les références ?***

Ça vient du passé, donc :

* l'héritage familial

* l'éducation

* le contexte

* tout ce qui vient du passé cad de votre vie actuelle jusqu'à aujourd'hui vous a influencé , les vies antérieures pour celles et ceux à qui ça « parle », tout ce qui est de l'ordre du passé, c'est votre bagage.

Quand on naît.. « on n'est »… (on entend souvent dire que les enfants quand ils arrivent avec « rien ») mais quand on naît sur Terre, c'est qu'on a des choses à y faire… !

…Cad résoudre un certain nombre de choses qu'on n'a pas pu résoudre avant, s'améliorer, etc...

Et, autant que ce soit agréable, heureux et joyeux pour tout le monde !

Donc, pour ça, c'est …

4.2. (Re)prendre conscience
de nos fonctionnements

(Re)prendre conscience

de nos fonctionnements et les **Accepter, nos fonctionnements,** tels qu'ils sont pour pouvoir **les faire évoluer, les changer**.. cad changer nos comportements, ce à quoi nous invite cette Nouvelle Ere…

Changer nos comportements, nos attitudes au regard de notre passé… Raisons pour lesquelles, nous sommes invité.e.s à, très souvent, revenir en soi, dans le Présent, parce que dans notre présent, nous allons pouvoir RECEVOIR des informations, de la vie, être beaucoup plus dans l'échange réel avec l'autre, ce qui va aussi nous permettre de comprendre beaucoup de choses cad faire **des prises de conscience…**

Et donc, à partir du moment où l'on fait des **prises de conscience,** on va aussi pouvoir **se remettre en question**.

Ces informations sont alors là pour nous dire quelque chose, **pour nous faire avancer**… Donc, **c'est de la Joie** !

A partir du moment où on les accueille, où on les accepte, ça va être du Bonheur.

Par contre, si on refuse, ça va bloquer.

Si on n'accepte pas la réalité telle qu'elle est, ça va bloquer. Si on bloque, ça fait mal..

Pourquoi il y a douleur ? C'est parce qu'il y a des choses à comprendre, à faire évoluer, à changer.

« Comment faire pour que ça se passe bien ou le mieux possible? »

4.3. L'Amour

toujours, toujours, beaucoup, beaucoup d'Amour

...pour vous m'Aime (même)…aussi... n'ayons pas peur des mots ni de l'Amour !

C'est comme l'histoire de la bouteille.. si vous avez une bouteille vide, vous ne pourrez pas donner ou bien vous allez vous épuiser..

Remplissez vous d'abord d'Amour, pur, réel, Conscient.. déjà juste avec **l'Intention…**

4.3. L'Intention

C'est la base ..! ça aussi .. !

ça peut paraître un peu « gnangnan, un peu cucu » mais moi j'ai pas peur de ça !

*Nous sommes entré.e.s dans une ère où justement nous sommes amené.e.s à expérimenter ce genre de choses. Cad à nous y ouvrir...**à l'Amour...** L'Amour réel.. !*

4.5. Qu'est-ce qui peut vous empêcher d'être dans votre présent ?

C'est tout **votre passé.**

Donc, **au niveau des pensées, en 1ᵉʳ, des paroles, des actions, des émotions, nos comportements, ..**

Si vous croyez en vos pensées, vos émotions, votre ressenti et que vous croyez qu'à chaque fois c'est vrai… ça va être compliqué..

Donc, **<u>lâcher les croyances</u>.**

Déjà, commencez par :

<u>Ne croyez pas ce que je dis !</u>

Devenir conscient,

c'est Arrêter de croire ...

...pour retrouver

<u>la Confiance en Soi,</u>

<u>en sa partie réelle,</u>

en ce qui est Bon en soi,

en La Vie, en l'Amour...

La Nature nous montre plein de choses ...

Et si nous avons Confiance dans notre Réalité, car nous faisons partie de la Nature…, nous sommes ni au-dessus ni au-dessous, nous sommes un Tout.

Tout le monde a sa place.

Et heureusement que nous avons les arbres, les fleurs, les animaux, etc..

La Terre est une planète que nous avons à partager, **Ensemble**…

****

Donc, arrêtez de croire.. ne me croyez pas, c'est pour ça que je vous invite à **être dans votre corps, à ressentir votre corps, à être au Présent, à être de plus en plus vous même..**

Parce que, sinon, vous allez croire chaque personne qui va vous faire une conférence, ou bien quand vous regardez une émission, un film , etc.. parce que **vous vous identifiez à l'autre... Vous vous oubliez..**

Dans cette nouvelle ère, nous sommes amené.e.s à retrouver de plus en plus notre **Identité réelle, notre propre identité consciente.**

Donc, **c'est un cheminement,** cad qu'on ne peut pas le faire du jour au lendemain…

……

En qui me concerne, j'y ai consacré nombre d'années et … je continue... avec Joie .. !

Donc, plus on va avoir **l'INTENTION** d'être de plus en plus Conscient.e, cad devenir, être sa propre identité réelle...

(ce qui ne veut pas dire qu'ensuite on va ou on doit rejeter les autres, nous sommes tou.te.s une part du « puzzle », on a tou.te.s une place)

On entend de plus en plus parler du 1+1=3, cad que quand on fait des choses ensemble, c'est une force qui se multiplie..

Donc VIGILANCE quant à ce qu'on met en place, ensemble !

C'est aussi ça, pour être de plus en plus concient.e.s, on peut se mettre à plusieurs (quand cela implique un groupe ou une action de groupe, par exemple), pour **vérifier, ensemble, si ce qu'on veut faire est juste cad respectueux de La Vie ! Et ce, <u>à court, moyen et long terme !</u>**

Donc , c'est du boulot !

C'est bien d'être à plusieurs ou bien seul.e
(quand cela est plus personnel..) aussi ,
pour prendre ses propres décisions.

4.6. Les PPAE

J'appelle ça **les PPAE : pensées, paroles, actions, émotions** donc soyons VIGILANTS, par rapport à nos pensées, paroles, actions, émotions, les PPAE… de veiller à ce qu'ils aillent, **TOUJOURS , Dans le sens de La Vie** !

De faire au mieux…
Progressivement...Nous sommes en **EVOLUTION** !

Mais rien qu'avec cette INTENTION en soi, si nous avons tou.te.s **L'INTENTION d'aller dans le sens de la Vie** et faire au mieux, déjà c'est énorme.

Sachez que individuellement, à l'échelle individuelle, nous sommes, je ne sais plus combien de milliards sur la Terre, imaginez :

si chacun.e a une INTENTION JUSTE au fond de lui-même et qu'il la met en pratique et bien alors, on peut tout changer.

Donc, on peut changer beaucoup de choses, on le voit tous les jours. Par exemple,au niveau de l'agriculture , etc..
Ce qui peut vraiment nous aider au départ, tou.te.s…. :

c'est d'Accepter de se remettre en question, en conscience, avec beaucoup d'amour et de joie car ce sont de super cadeaux pour soi, les autres, la Terre.

De comprendre que, en faisant ça, au bout d'un moment, **à force de le mettre en pratique, nous reprenons les rennes de notre vie**, à être de plus en plus Conscient.e….et ensemble, être heureux d'être ensemble sur une même planète..

Donc, pour en revenir aux pensées, paroles, actions, émotions, … pourquoi j'insiste là-dessus c'est parce qu'il existe une loi :

4.7. La loi de cause à effet

que certain.e.s d'entre vous connaissent.

Cette loi, il est essentiel de l'accepter.

Qu'est-ce que c'est ? Qui connaît cette loi ? Qu'est-ce que ça veut dire ?

Réponses du public :

> **« tout acte génère des conséquences, toutes pensées aussi.. »**

Tout a une conséquence..

La pensée crée, ce qu'on n'imagine pas parce qu'il y a beaucoup de choses qu'on ne voit pas.

C'est comme les fréquences, les ondes, on les voit pas tant qu'elles ne se sont pas matérialisées. Et les pensées sont aussi des fréquences, des ondes.

Donc, plus on va positiver, cad pour rééquilibrer ce négatif jusqu'à ce qu'on arrive à l'équilibre, c'est donner à soi, à l'autre et à la Terre des énergies positives aussi.

Par exemple, si j'ai des pensées de dévalorisation envers moi-même, je vais les accepter (ces pensées) et, ensuite, m'en dissocier, cad que je ne suis pas ces pensées .. pour les transmuter, avec toujours beaucoup d'Amour, en Confiance en mes capacités réelles, en ce qui est bon en moi , etc..

.. En ce qui me concerne, j'ai commencé, il y a très longtemps avec la méthode « Coué »… C'était pas idiot du tout.

C'était quoi cette méthode à l'époque ?

Réponses du public :

« on répétait des phrases »

Oui, et quelles particularités avaient ses phrases ?

Réponses du public: « positives »

C'est ça : Je positive.

Il y a tellement eu de négatif qu'on peut positiver !

Donc, à l'échelle individuelle, si vous avez des pensées négatives ou morbides, etc..

Comment allez vous faire ?

1) je vais d'abord les accepter.

La condition préalable à tout changement est :

4.7.1. l'ACCEPTATION

Si vous n'acceptez pas la chose ou la réalité telle qu'elle est, (cela ne veut pas dire cautionner, ça n'a rien à voir)..
Accepter les choses telles qu'elles sont, c'est comme si je veux repeindre une table, je vais d'abord voir de quelle matière elle est faite, s'il y a un vernis ou pas dessus, etc... sinon, je risque de choisir une peinture qui va peut être ne pas aller, je vais me tromper peut être ..donc, j'accepte la table telle qu'elle est...

Donc, **accepter la réalité telle qu'elle est**, cette table est en telle matière avec un vernis, etc..donc j'accepte la réalité telle qu'elle est **pour pouvoir changer** la couleur de cette table.
c'est la même chose ... donc <u>la condition préalable à tout changement est</u> **l'ACCEPTATION**.

Sans acceptation, vous allez « buter, buter, » .. et là, il y a souffrance.

Donc, déjà,

   j'accepte avec beaucoup, beaucoup d'Amour…

L'Amour,

C'est ce qui sous tend

La vie,

<u>C'est</u> La Vie… !

Sans Amour,

<u>Il n'y a pas de Vie… !</u>

Alors, **remplissez vous d'Amour, donnez vous de l'Amour,** en équilibre entre vous même et les autres...

Il n'y a aucun contre indication.. et ..n'en ayez pas peur..l'Amour , c'est Beau … !

L'Amour, on en a Tou.te.s..

Et **l'Amour**, à partir du moment où on l'accepte, et bien, on va en recevoir...

Donc déjà, acceptez que l'Amour existe… **l'Amour réel**.

Donc, nous en étions à **la loi de cause à effet**..donc, en effet..,

« C'est une énergie qui en entraîne une autre de même nature en retour ».

C'est ce qu'on entend aussi comme la loi du karma, l'attirance, etc.

Une simple INTENTION va attirer ses conséquences..

Donc, si j'ai une intention négative, il faudra pas aller râler, il faudra <u>assumer les conséquences de ses intentions</u>..

<u>C'est un des points essentiels.</u>

Si vous avez des pensées négatives envers vous même, envers les autres ou la Terre, n'allez pas vous plaindre après.. ! Il faut assumer .. !

Donc, il y a beaucoup de choses dont on n'a pas souvent conscience, notamment au niveau de nos pensées, notre façon de penser, nos comportements,..

Pour être de plus en plus conscient.e.s, revenez en vous, à votre corps, ..dans le Présent..mettez ça en route…. Avec Joie, bien sur !

La Joie réelle est un élément essentiel aussi..

Donnez vous des espaces temps dans vos journées pour ça. Et après, vous verrez, au fur et à mesure, vous allez assimiler, l'intégrer et vous allez voir, recevoir et comprendre de plus en plus par vous-même, non plus avec votre intellect cad avec vos références passées mais bien avec votre Réalité de l'instant.

Donc l'INTENTION est un élément essentiel...

4.8. Les pensées

Elles sont influencées, la plupart, par les références au passé .

Plus on va « travailler » pour être au présent, plus on va pouvoir générer des pensées justes… ce qui veut dire qu'on se recentre, en fait...

On accueille, on accepte, tout simplement, les choses comme elles sont et on laisse les pensées passer.. sans s'y accrocher.. et on revient à la conscience de son corps.. On accueille, on découvre, comme des enfants, comme un jeu, comme si c'est pour la 1ère fois ..

Même si c'est négatif, car je peux vous assurer, j'ai traversé des choses très difficiles, et, si je suis en vie aujourd'hui, là devant vous, c'est parce que j'ai vraiment fait ce travail de conscience que je continu...

J'ai traversé des choses où j'ai vraiment failli mourir, j'ai mis en pratique. Je me suis dis, bon bah, t'as plus le choix..tu mets en pratique tout ce que tu as travaillé pour toi et tes patients.

Et j'ai mis en pratique et je suis heureuse d'être là aujourd'hui…

..Et de partager..
Parfois on traverse des choses terribles..

N'oubliez pas,

la Confiance, en Vous !

On a tou.te.s de l'Amour, on a tou.te.s de la Joie .., on a tou.te.s des ressources réelles pour s'en sortir.. Tou.te.s.. !

C'est aussi, pour moi, un partage d'expériences..

Ce que je fais, je dis, c'est dans l'instant.. même si j'avais préparé quelque chose pour cette rencontre mais à chaque fois cela changeait tous les jours.. donc, je me suis dit, ça me fera quelques notes.. le reste viendra dans l'instant.

Dans l'instant, on partage, un échange réel peut se faire..

Donc, **c'est surtout votre confiance en Vous, en vos capacités réelles**...on peut aller très loin dans la découverte de soi.

4.9. Les peurs

Souvent, en effet, il peut y avoir des **peurs** qui vont bloquer..
C'est quoi les peurs, c'est aussi des **influences**, des **références**, des blocages, des obstacles qui peuvent avoir un rapport à une éducation par exemple..

Plus on est dans son présent moins on est soumis au passé.. donc on n'est plus dans la soumission cad dans le subir.. et là on peut commencer à devenir créateur de sa vie.

Plus on se libère du passé, plus on est dans son présent..

Et donc le mental..

Essayez de décroiser vos bras.. vos mains..laissez circuler la Vie, l'Amour..
C'est pour vous.. profitez en, expérimentez, ressentez..

4.10. L'Alimentation

Un autre point essentiel

C'est aussi une des **clés**..

C'est-à-dire ce avec quoi je m'alimente ?

De quoi on s'alimente ?

Comment je m'alimente ?

Dans quel contexte on s'alimente ?

ET...ainsi, qu'est-ce que j'alimente.. ?..

<u>L'alimentation, c'est primordiale et elle peut être aussi influencée par nos références.</u>

D'où l'importance du nettoyage de nos références..

Donc pour commencer à nettoyer, en 1er lieu, je l'accepte cette référence, et ensuite, je me dis, «est-ce que j'ai envie, besoin de garder cette référence? Ou de la faire évoluer, de la changer ou de la transmuter, de m'en libérer et de mettre autre chose à la place ?»

L'idée c'est ça aussi, c'est de se dire:

j'ai les capacités de changer, d'évoluer..

Donc, par exemple, si j'ai cette référence là, je ne vais pas la rejeter, je l'accepte telle qu'elle est, mais je vois que ce type de références, ces comportements, etc..

m'empêchent de vivre, m'empêchent d'aimer, de faire ceci ou cela alors que j'aimerais bien faire autre chose, me comporter différemment pour aller plus dans le sens de La Vie..

Je peux donc décider de changer ça…

Mais pour ça, je dois en prendre conscience... donc accepter de voir.. donc de me poser… me donner le temps, pour moi...

Ce qui ne veut pas dire forcément beaucoup de temps.. justement par rapport aux contraintes que vous évoquiez tout à l'heure.

Plus on prend le temps pour être dans le Présent, plus l'espace temps va, en quelques sorte, s'élargir.

Ça n'est donc pas du tout une perte de temps.. on va gagner de l'énergie.. On ne peut pas perdre du temps dans le présent..!!..

On va gagner à plein de niveaux..on va gagner une énergie juste et nécessaire.. pour pouvoir continuer.. et donc quand on nous invite à être dans le présent, c'est pas pour rien.. c'est parce qu'on va retrouver de l'énergie..

A partir du moment ou on devient vigilant concernant ce avec quoi on va s'alimenter...

Avec quoi je m'alimente?

Est-ce que ça va dans le sens de La Vie?

Etc..

Avoir cette trame là et puis, comme je ne peux pas tout faire d'un coup, j'y vais **PROGRESSIVEMENT**,

j'arrête de culpabiliser,

Je me donne beaucoup d'Amour,

Je cesse de me juger, je cesse de juger ..

Je décide de faire avec ce que j'ai, avec tous les jours un peu plus, un peu plus.. et avec Joie et Amour réels.. pour vous, les autres aussi, mais sans s'oublier (car il arrive souvent que l'on donne de l'Amour aux autres sans penser à s'en donner aussi, en même temps..) ..

<u>Ne vous oubliez pas..</u>

Car la « bouteille » vide ne peut pas donner.. sinon, on peut s'épuiser.. et après c'est la « cata ».. ça peut déboucher sur des épuisements cad dépressions, « burn out » , etc…

5. Par rapport à ce qui vient d'être dit, avez vous des questions?

5.1. *Comment se libérer du passé?*

Accepter le passé ..tel qu'il a été.. et ne plus le vibrer...

A partir du moment où on accepte les choses, déjà, rien que cela peut suffire car il n'y a plus d'accroche.. alors, beaucoup de choses s'en vont d'elles mêmes.

Pour accepter, parfois, ce sera un cheminement.. Tout ça, c'est un cheminement.

Concernant l'acceptation de son passé, si vous butez ou s'il y a des choses qui reviennent, remettez vous au présent , posez/pausez vous, parce que, dans le présent, tout est là.. donc la compréhension aussi..

Dans le Présent vous pouvez entendre, RECEVOIR, voir, comprendre… si vous acceptez de vous poser des questions… de vous remettre en question..

Si vous ne voulez ou ne pouvez pas, il y a aussi des gens qui sont là pour vous aider, vous accompagner.. Il peut y avoir des choses parfois très difficiles.. On peut pas toujours tout traverser tout .e seul.e..

Il existe des aidants, des accompagnants comme moi et comme d'autres..

S'il y a des choses trop difficiles, parfois des choses terribles, qui bloquent, etc.. , qui vous empêchent de vivre ou qui détruisent, se faire accompagner, aider, faut pas avoir peur non plus .. c'est aussi ça accepter la réalité justement..

Par exemple, ma façon de « travailler » , c'est donner l'occasion de mettre en pratique, voir en fonction de ce que les personnes ont envie/besoin de «travailler»pour trouver leurs propres solutions, pour dépasser par elles mêmes ..

Je ne fais pas à la place des gens, surtout pas.. c'est amener la ou les personnes concernées à accepter, comprendre, accueillir et/ou à traverser, etc.

Et donc de transmettre, expérimenter un certain nombre d'outils qui partent de cette base de l'acceptation, et donc de la Conscience de soi..

...Après on approfondi et on adapte dans le Respect de ce qui est juste pour chaque personne.

En tous cas, revenir à soi dans le présent, c'est une base, en ressentant son corps dans le Présent car, «tout» y est...

Et donc si on a envie de savoir, on peut se demander, intérieurement, avec toujours beaucoup d'Amour pour soi, de la tendresse, de la douceur, mettez tous ses «ingrédients» parce que si c'est quelque chose de difficile, cela aidera ..

<u>Soyez clair.e.s avec vous même.s</u> (vous m'aime..).. dites vous: «je veux bien savoir, comprendre,.. à condition que je puisse accueillir, recevoir, ses informations du mieux possible pour que cela puisse se faire avec douceur, avec Amour, Respect, etc..»

C'est un point important car, souvent les gens veulent aller vite, et sont très dur.e.s avec eux mêmes.

Aors qu'il ne s'agit pas d'une course ou d'une compétition, il s'agit en tout 1er lieu de se respecter, respecter aussi son propre rythme.

Si on sent que c'est le moment de se faire accompagner, si on sent que c'est le moment de le faire par soi même..

Se faire accompagner, c'est aussi: acquérir un certain nombre d'outils qui vont nous permettre d'être de plus en plus autonomes aussi pour pouvoir avancer par soi même..

On n'a pas besoin d'être en difficulté ou de souffrir pour y aller..!

Ce peut être aussi pour avancer, évoluer pour soi, les autres, la Terre..!

Les thérapeutes, accompagnants ont leurs places aussi au même titre qu'un charpentier, boulanger, etc..

Après, il y a aussi les Ami.e.s, quand on parle, ça peut aussi permettre de débloquer des choses..

Ca n'a rien de sorcier en soi mais le fait d'**être au Présent avec la Conscience de son corps**, va réellement nous aider..

Et, ça n'est pas pour rien que beaucoup de choses se sont ouvertes au grand public depuis quelques années..

Se remettre dans son présent, ça aide aussi beaucoup par rapport aux peurs.. car, s'il y a peur, elle vient d'un référentiel donc du passé..

Et donc, depuis mon présent, je vais pouvoir prendre de la distance avec ma peur, et me demander: «tiens, mais ça vient d'où ça?» et une fois que je vois d'où cela vient, que j'élude, que je comprends, oups!... page blanche..!

Comprendre que nos fonctionnements ne sont pas si compliqués que ça, seulement ça, «ça coûte pas un rond!» de le faire.. on va donc pas nous y encourager ..!

La Conscience, cette nouvelle Ere, c'est aller vers notre autonomie réelle, c'est pas un «bizness»..

Nous sommes des êtres en évolution qui méritons le Respect..

.. ici et maintenant..

et le Respect,

ça commence d'abord en soi,

pour soi

pour pouvoir respecter

les autres et la Terre.

Moi même, je me suis faite accompagnée..

Une autre question?

5.2. Est-ce que la projection est un frein pour vivre avec son présent ?

D'après toi ?

Pour toi, la projection, c'est « l'état après avoir pris conscience ».

La projection, elle vient d'où ?

D'un désir.

Le désir, il vient d'où ?

De l'amour, d'un besoin, d'une pensée, ..

Pour voir si ce qui vient, après une prise de conscience, est juste, aller voir si c'est attaché à un référentiel. Si tel est le cas, ça veut dire que c'est influencé par ce passé.

Moi, j'appelle pas ça « projection », car « projection », c'est déjà quelque chose qui existe et qui se projette..

Alors que, dans l'instant Présent, la Conscience réelle est « une énergie qui se crée dans l'instant ». Ça n'existait pas avant, ça n'existe pas encore, c'est.

C'est l'instant Présent.

Plus on met en pratique, à **se recentrer**, **s'ancrer** dans le Présent, etc.. et plus on va le ressentir, comprendre..

Donc s'il y a une projection, c'est avec quelque chose qui existe déjà ou qui a déjà existé.

L'Amour réel nait de l'instant.

« Il se crée dans l'instant.. ».

D'autres questions ?

5.3. Pour s'aider à vivre dans l'instant présent

Pour s'aider à __vivre dans l'instant présent__, on peut se donner des fenêtres, où l'on vit pleinement ds le présent et pouvoir en sortir pour voir la différence de ressenti, c'est à dire se donner un temps pour vivre l'instant et en ressortir avec ce qu'on doit faire, __comment faire ?__

Oui, à chacun de se donner des espaces temps, de se dire: de s'autoriser, « je me donne le droit » de me recentrer, d'être présent.e à moi même, aux autres , à La Vie.. de me ressourcer… ..

Aujourd'hui, il y a très peu de gens qui vivent à 100 % ds l'instant présent, donc, une fois que vous reprenez vos activités, je dis souvent aux gens: **utilisez votre quotidien**: quand vous faites à manger, faites la vaisselle, le ménage, etc..

C'est vraiment très intéressant dans ces moments là, car souvent on dit que c'est « pénible », et, en fait, ça peut être justement une grande Joie!

Cad d'utiliser ces moments là, ces activités pour se recentrer, s'ancrer..de se dire « tiens, bah, je vais le faire aussi dans le mouvement.. tiens, je vais nettoyer ça..je vais le faire en me recentrant, <u>en ressentant mon corps, jusque dans mes pieds</u> et là je vais le faire dans le mouvement ».. avec Joie !

C'est important de ne pas être toujours dans une immobilité..

.. la Vie c'est ici et maintenant et à chaque instant..

.. la Conscience réelle, c'est quelque chose de très actif !

Et de s'entraider pour, justement, au fur et à mesure, retrouver du plaisir, dans ses actes là, par exemple.

On peut aussi le mettre en pratique dans d'autres contextes … <u>veiller à ce que ce soit du plaisir.. pure et juste..!</u>

Pensez au sourire intérieur, c'est un élément aussi important que les autres..vous sentez, intérieurement, ça ré ouvre.. ça fait du bien .. pour éviter de se fermer…

Expérimentez, ressentez le, le vivre au
quotidien, et, on fait au mieux, ! sans
s'acharner.. que ça soit un plaisir et de le
développer, au fur et à mesure.. .

Pensez à ce **sourire intérieur** qu'on peut
avoir envie ou besoin d'en mettre aussi
devant ou encore dans le dos, etc..

Pensez aussi à l'arrière du corps qui est
justement *souvent encore* relié au passé.

Ressentir l'arrière du corps en même temps
que devant.. ouvrir le Coeur, mettre de la
Joie...

Je dis souvent, c'est comme cultiver son
jardin. On a envie qu'il soit beau notre
jardin et bien c'est pareil **..**

On le fait bien pour les enfants.. les enfant,
souvent, on va leur donner tout ce qu'on
peut et pourquoi on ne se donnerait pas à
nous mêmes ?

Nous aussi, nous sommes de grands enfants, on a aussi besoin de prendre soin de nous.. de nous aimer, de nous respecter, de nous accepter tel.le que nous sommes, tout en sachant que nous évoluons, nous changeons à chaque instant..

Retrouver les bases, **s'aimer, se respecter, s'accepter tel que l'on est,** dans l'instant..

C'est difficile d'aller aimer les autres si on ne s'aime pas soi même, de respecter les autres si on ne se respecte pas , etc.. sinon, c'est de l'hypocrisie.. du mensonge..

Donc Aimez vous, retrouvez l'Amour de vous même.. en vous-même..

L'Amour réel, ça ne va pas toujours dans le sens du « poil »..

.. Si parfois il est juste et nécessaire « d'appuyer » sur quelque chose de difficile à dire par exemple, on le fait avec beaucoup, beaucoup d'Amour et de Respect pour soi, pour l'autre..

Vous le voyez bien avec les enfants, si un enfant veut faire quelque chose qui va le mettre en danger, lui ou les autres, on va intervenir avec le plus d'Amour et de Respect, en général.
Je prends l'exemple des enfants parce que souvent on a une attitude très très bienveillante à leur égard..

Pensons donc, aussi, à être bienveillant.e envers nous même..

<u>D'autres questions ou autres ?</u>

Ouvrez, accueillez, observez, sans juger..
l'Amour réel, ça ne fait pas de mal.. c'est
impossible..

5.4. « *Le bruit ambiant, ça me perturbe.* »

 «Donnes toi de l'Amour, remplis toi d'Amour, utilisez votre INTENTION, une intention d'Amour envers vous mêmes, veillez à **ressentir de plus en plus votre corps jusque dans vos pieds..** plus vous allez ressentir votre corps jusque dans vos pieds..au bout d'un moment, vous êtes bien là.. et le reste autour ne vous gène pas, cad que vous êtes de moins en moins « poreux » .. vous subissez de moins en moins.. ça calme, c'est aussi une façon de trouver le calme intérieur..

6. Conclusion

Cette nouvelle ère qui n'est autre que celle de la Conscience réelle, nous donne, en fait (en fête..!), une nouvelle chance, celle de nous libérer..

Maintenant, les choses vont beaucoup plus vite, beaucoup plus profondément..

Considérant que l'Acceptation de ce qui est est la condition préalable à tout changement, accepter la loi de cause à effet est primordiale ..

.. Car plus on va aller vers de plus en plus de Conscience plus on va aller vers la loi de l'Equilibre..

Croire sera donc l'écueil qu'il conviendra d'éviter, afin de retrouver notre identité réelle.

Ça ne veut pas dire: mettre tout en doute, cela veut dire se recentrer, devant les écrans, par exemple, il y a une espèce de passivité, dans ces cas là, les gens se font souvent « pomper » ou manipuler …!

Essayez de ressentir votre corps dans le présent dans ces cas là, essayez, expérimentez..vous verrez, il y a des chances pour que vous soyez beaucoup moins pompé.e.s ou moins manipulés.e.s..

Important:

il existe autre chose pour transmuter le passé:

6.1. Le Pardon

On accepte, on accueille, on voit les choses qui se passent avec suffisamment de distance, on « transmute » ou on change les PPAE et, une autre donnée importante, c'est celle du **Pardon**.

Même si la religion ou la spiritualité, l'ont utilisé ou l'utilisent, ici et maintenant, dans l'Ere de la Conscience, pardonner au sens réajusté du terme cad sans la moindre référence au passé, c'est « donner par », se pardonner et pardonner parce que de toutes façons le passé est passé. Si vous voulez que les choses passent, cessent, arrêtent de se reproduire, etc.. **acceptez et pardonnez..**

On a tous fait des « conneries », des erreurs, **nous n'en avions pas conscience** ..! on ne pouvait pas le savoir..

Si vous voulez que les choses passent, pardonnez..

Donc stop à la culpabilité..

.. plus vous allez vous pardonner et pardonner, plus la culpabilité va disparaître parce que vous allez accepter ce passé, quelque soit ce qu'il a été, **SANS LE JUGER,..**

Quand on pardonne, c'est qu'on arrête de juger et qu'on ne condamne plus..

Imaginez tout ce que cela veut dire…!

Ça veut dire que, à l'échelle individuelle, de votre famille, de vos enfants si vous en avez, ascendants, descendants, etc.. ça a et va avoir des conséquences EXTRAORDINAIRES, à partir du moment où on accepte et décide de le faire.

Et ça, ça peut tout changer, à tous les niveaux …!

Le pardon va permettre d'ouvrir la voie vers ….

6.2. La Réparation

Et là on est vraiment à l'échelle de l'individu, et donc de ce pouvoir que nous avons chacun.e, entre les mains, de pouvoir changer.. OUI!

Humilité consciente et beaucoup, beaucoup **d'Amour**, et suffisamment d'humour juste aussi, pour que ce nouveau paradigme puisse enfin voir le jour pour chacun.e. dans le **Respect** de chacun.e et de la Terre.

Tout ce que chacun.e fait à l'échelle individuelle va donc avoir une répercussion sur toute votre généalogie, donc au niveau de l'inconscient individuel, familial et collectif donc au niveau de la Terre..!

Donc, se donner le temps juste et nécessaire pour ne pas oublier l'essentiel, arrêter d'avoir peur de vivre ..

Je vous invite à **vivre pleinement, dans le Respect de Soi, de l'Autre et de la Terre..**

La Conscience c'est aussi ça .. c'est Vivre, c'est être dans la Vie !

Arrêter d'avoir peur pour recevoir.

<u>Accepter, Accueillir, se pardonner, pardonner et Réparer</u>, avec **Joie**, **Humilité** et beaucoup, beaucoup d'**Amour** pour que ce chemin puisse voir enfin le jour dans le **Respect** de tou.te.s et de chacun.e..

Se donner le temps juste et nécessaire pour ne pas oublier l'essentiel...

Arrêter d'avoir peur de vivre et vivre pleinement,

C'est lâcher la peur d'Être et donc d'Aimer et d'être Aimer..

C'est recréer un nouvel Equilibre conscient et juste entre Toi, Moi, la Terre !

7. LA CLEF de tout

C'est l'AMOUR réel,
Ici et maintenant

7.2. Je décide...

...d'être Heureu.x.se,

d'aller vraiment bien,

d'accepter mon passé ,

de ma respecter,

de me pardonner, pardonner et..

Réparer, avec autant de Joie et d'Amour
réels

pour moi, les autres et la Terre

et ce, **en habitant mon corps** dans le
Présent, autant que possible,

avec Confiance en mes capacités réelles..

7.3. Mettre en pratique

Seul.e et/ou à plusieurs aussi souvent que possible, **sans en abuser…**, en s'amusant, y mettre de la Joie, de l'Humour conscient, bien sur… afin de développer, de retrouver, **progressivement**, nos capacités réelles cad notre Identité réelle qui n'est autre que notre partie consciente, si longtemps étouffée par notre inconscient..

Cela se fera en chacun.e d'une manière individuelle, afin de ré apprendre, découvrir de nouvelles manières de fonctionner, de créer..

..En dehors de tout dogme, de tous modèles, exemples, …

... afin de retrouver

notre Autonomie réelle...

****

Postface

Consciente que cet atelier/Conférence ne se suffit pas en lui même ; ceci est bien sur très incomplet. Cependant, cela donne déjà de très bonnes Bases.

Il reste beaucoup à transmettre, ce qui pourra se faire:

* soit lors de nouvelles rencontres;

* soit par vos questions que vous pourrez me transmettre par mail;

afin de continuer à assimiler les nouvelles données pour vivre au mieux cette transition en continuant ainsi à recevoir les outils nécessaires à sa propre Evolution.…

****

Chaque atelier Conférence, Stage ou séance individuelle est adaptée au public concerné.

Je répondrai aux questions que vous me poserez par mail lors d'un prochain livre:

Conscience, Evolution, Santé, Prévention 2

Réponses à vos questions

****

Merci d'envoyer vos questions

à

catherinecesp@mailo.com

Merci